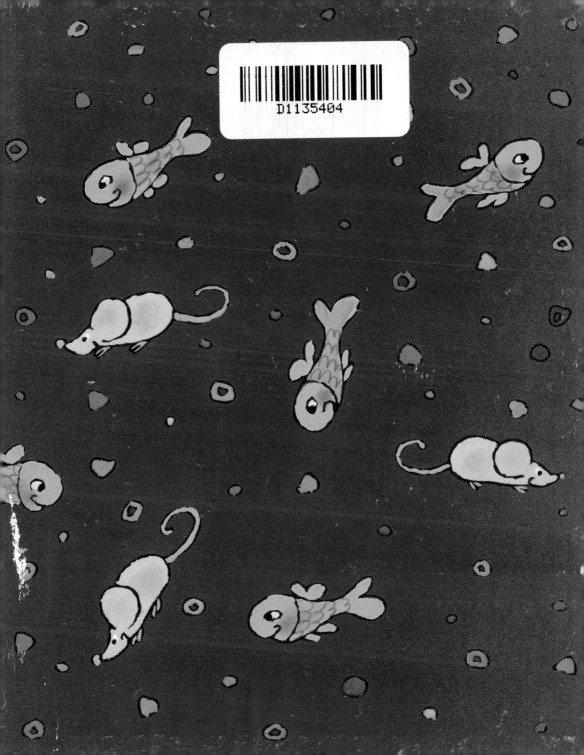

# Een dansje voor Soes

*Anne Takens*

*Pauline Oud*

**Maretak**

*Schelpjesboeken* zijn bestemd voor kinderen die net kunnen lezen. De boeken vormen een overgang van het prentenboek naar het leesboek: de illustraties vormen een wezenlijk onderdeel van het verhaal. Auteur en illustrator zien het als een uitdaging om een *Schelpjesboek* tot een stimulerende leeservaring te maken.

© 2008 Educatieve uitgeverij Maretak, Postbus 80, 9400 AB Assen

Tekst: Anne Takens
Illustraties: Pauline Oud
Vormgeving: Gerard de Groot
ISBN 978-90-437-0338-3
NUR 140
AVI E3

# 1 Lis en Soes

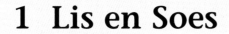

Lis heeft een poes.
Ze heet Soes.
Soes is al oud.
Maar ze doet nog jong.
Ze klimt in de bomen.
Net als een aapje.
Elke dag vangt ze een muis.
Die eet ze lekker op.
Het staartje lust ze niet.
Dat is veel te taai.
Soes kan ook kunstjes doen.
Ze kan kopje duiken op het gras.
En door een hoepel kruipen.
En een pootje geven.
Net als een hond.
Soms danst ze in het rond.
Op twee pootjes.

Met haar staart omhoog.
Best knap van die kat!

Elke dag gaat Lis in bad.
Poes Soes gaat dan met haar mee.
Ze wipt op de rand van de badkuip.
Lis doet een dolfijn na.
En een draak.
Ze lacht en spet en spat.
Soes wordt een beetje nat.
Maar dat vindt ze niet erg.
Stil zit ze naar Lis te kijken.
Wat raar dat Lis bloot is.
Zelf is Soes nooit bloot.
Ze heeft een vacht, dik en zacht.
En die gaat niet uit.
Anders krijgt ze het koud.

Elke nacht slaapt Soes op de gang.
Op een kleedje.

4

Dat ligt voor de deur
van de kamer van Lis.
Zo is Soes toch dicht bij Lis.
Lis en Soes zijn dikke vrienden.
Voor altijd.

# 2  Soes is ziek

Lis speelt met Jens in de tuin.
Jens is haar vriendje.
Ze zitten op de wip
en likken aan een ijsje.
Waar is Soes?
Lis mist haar poes.
Soes is dol op de zon.
En ook op ijs met room.
Wat gek dat Soes er niet is.
Lis gaat naar binnen.
Ze schrikt!
Soes ligt in de gang.
Mam is er bij.
Ze zegt: 'Soes is ziek.
Ze spuugde.
En haar oortjes zijn warm.
Ik denk dat ze koorts heeft.'

Lis aait de vacht van Soes.
Arme Soes.
Lief dier.
Mam belt buurman Jan.
Jan is een dokter voor poezen en honden.
Hij zegt: 'Kom maar langs met die kat.'
Mam pakt het korfje van Soes.
Ze zet de poes er in.
'Miauw ... miauw!', doet Soes.
Het is net of ze huilt.
Lis holt naar de tuin.
Ze gilt: 'Jens, kom mee!
Soes is ziek!
We gaan naar Jan!'

# 3 Een prik

Jan is een lieve dokter.
Hij tilt Soes uit haar korfje.
Lis, mam en Jens staan bij de tafel.
Ze geven Soes een aai over haar kop.
Soes is niet bang voor Jan.
Want hij heeft warme handen.
Jan tuurt in de oren van Soes.
En hij voelt aan haar buik.
Dan neemt hij de koorts op
en luistert naar haar hartje.

Jan zegt: 'Het hartje van Soes is oud.
En haar nieren werken niet goed.
Ze leeft niet zo lang meer.
Maar ... ik geef haar een prik.
Daar knapt ze van op.'
De prik doet geen pijn.
Soes geeft geen kik.
Mam krijgt een doosje mee.
Er zitten pillen in.
Pillen voor de pep.

9

# 4 Eet op, Soes!

Lis pakt het bedje van pop Lot.
Lot moet er uit en Soes mag er in.
Lis dekt Soes toe met een deken
van de pop.
Soes gaapt en rolt zich op.
Mam geeft Soes een pil.
Ze stopt hem in haar bekje.
Soes slikt de pil niet door.
Ze houdt hem in haar wang.
Later spuugt ze hem uit.
Maar mam is slim.
Ze stopt de pil weg.
In een kleine bal gehakt.
Zo ziet Soes de pil niet.
Lis zegt: 'Eet op, Soes!
Dan word je weer beter.'
Maar Soes heeft geen trek.

Mam zucht: 'Die kat lust niets.
Dat is heel naar.
Want als ze niet eet ...
dan gaat ze dood.'
Lis roept: 'Nee, dat wil ik niet!
Ik kan Soes niet missen, hoor!'

# 5 Vis

Lis wipt op de schommel.
Ze schommelt heel hoog.
Bijna tot bij de wolken.
Ze denkt aan Soes.
Wat zou Soes graag lusten?
Geen brokjes of gehakt.
En geen pil voor de pep.
Opeens roept Lis: 'Ik weet het al!
Soes is dol op vis!'
Mam heeft geen vis in huis.
Maar Lis weet wel raad.
Ze rent naar de sloot.
Jens gaat mee.
Jens heeft een schepnet.
Er springt een kikker in.
'Nee!', roept Lis.
'Mijn poes lust geen kikkers!'

Jens laat het dier vrij.
Dan vangt hij een visje.
Het is klein en wit.
Echt iets voor Soes.

Die middag krijgt Soes eten op bed.
Een visje op een bordje.
Soes likt er aan.
Maar ze eet het niet op.
Wat een pech voor Lis!
Ze deed zo haar best.

# 6 Slaap lekker!

Het is tijd om te slapen.
Lis sjouwt met het bedje van pop.
Ze draagt het de trap op.
Oef!
Wat is dat zwaar!
Ze zet het bedje naast haar eigen bed.
Zo kan ze goed op Soes letten.
Wie weet krijgt Soes pijn in de nacht.
Dan zal Lis haar een aai geven.
Of een kus.
Lis vraagt: 'Heb je het koud?'
Soes mauwt.
Lis zoekt de muts van haar pop.
Ze zet hem op de kop van Soes.
'Slaap lekker', zegt Lis.
'Droom maar fijn.
Morgen moet je beter zijn.

Dan vang je weer een muis.
Je klimt in de boom.
Of je danst op het gras.'
Poes Soes knijpt haar ogen dicht.
En Lis kruipt onder haar dekbed.
Het lampje laat ze aan.
Anders kan ze haar droom niet zien.

# 7 Bang

Het is midden in de nacht.
Lis wordt wakker.
Ze kijkt in het bedje van pop.
Het bed is leeg!
Soes is weg.
Haar muts ligt op de grond.
Lis loert onder haar bed.
En achter het gordijn.
Maar Soes is er niet.
Lis wordt bang.
Ze denkt aan wat mam zei:
'Als poesjes voelen dat ze dood gaan ...
dan kruipen ze vaak in een hoekje.'
Lis rent de trap af.
Ze zoekt Soes.
Zit de poes in de gang?
Of onder de kapstok?

Nee ...
Lis loopt de kamer in.
De maan schijnt door het raam.
De maan wijst Lis de weg.
Naar een klein hoekje.
Het hoekje naast de kast.
Daar zit poes Soes.
Ze geeft Lis een knipoog.
Lis tilt haar op.
Ze draagt haar naar boven.
Soes mag in haar bed slapen.
Naast Muis en Beer.
Ze geeft Soes een kus en zegt:
'Ik was bang dat je dood was.
Omdat je in een hoekje zat.
Maar je bent er nog!
Wat fijn!
Je bent de liefste poes van het land.'

# 8 Dansje

Het is vroeg in de morgen.
Lis draait zich om in bed.
Ze voelt iets zachts.
Het is Soes.
Haar lieve poes.
Lis aait over haar oortjes.
Ze voelen erg warm aan.
Zou Soes nog koorts hebben?
Lis denkt: arme Soes.
Wat kan ik voor je doen?
Dan krijgt ze een plan.
Poes Soes moet in de zon.
De zon is goed voor een kind.
En ook voor een poes.
Ze draagt Soes naar de tuin.
Daar legt ze haar op een kleedje.
Ze vraagt: 'Wat wil je?

Wil je een visje?
Of wil je melk?
Of een muis?
Of een dansje?'
'Mauw ...', zegt poes Soes.
Ze knipt met haar oogjes.
Lis roept blij:
'Ja, ik ga een dansje doen!
Een dansje voor jou!
Dat vind je vast leuk.
Want je danst zelf ook zo mooi.
En ik hoop ... dat je dan beter wordt!'
Lis rent naar haar kamer.
Ze trekt haar feestjurk aan.
De jurk is rood.
Met glitters er op.
Ze pakt haar speeldoos.
Die zet ze op het gras.
Op een krukje.
Ze windt de speeldoos op.

19

Er klinkt een mooi liedje door de tuin!
Lis plukt een bloem.
Een witte met een geel hartje.
Dan danst ze haar leukste dansje.
Ze zwaait met de bloem.
En ze zingt:

'Eerst was je klein.
Maar nu ben je groot.
Je bent al oud,
maar je mag nog niet dood.'
Lis danst het dansje wel tien keer.
Ze huppelt langs de rozen.
En langs de schommel.
Dan danst ze weer naar poes Soes.
Ze schrikt.
Het kleedje is leeg ...
Poes Soes is weg ...

# 9 Feest

Lis tuurt naar de boom.
Zit Soes soms daar?
Op een tak?
Nee, Soes is er niet ...
Lis holt het huis in.
Mam staat in de keuken.
Ze zegt zacht:
'Ssst ... ik hoor iets leuks!'
Lis is stil.
Ze hoort de kraan.
Die doet *drup* ... *drup* ... *drup*.
Bij het raam zoemt een bij.
*Zoem ... zoem ... zoem ...*
Aan de muur tikt de klok.
*Tik ... tak ... tik ...*
Maar dat is heel normaal.
Lis houdt haar adem in.

Dan hoort ze het:
*knargg ... knargg ... knargg ...*
Het is poes Soes die brokjes eet!
Ze hoort *slurp ... slurp ...*
Dat is poes Soes die water drinkt.
Lis juicht: 'Soes eet weer!
Ze is niet ziek meer!'
Soes smikkelt haar bakje leeg.
Ze mauwt en kijkt naar mam op.
Ze wil nog meer!
Lis geeft haar het visje.
Soes smult er van.
Lis juicht: 'Soes is weer goed!
En weet je hoe dat komt?
Het komt door mijn dansje.
Ik danste heel mooi voor Soes.
Ik maakte haar weer beter!'
Mam geeft Soes nog wat brokjes.
Soes eet alles op.
Dan holt ze de tuin in.

Daar danst ze haar eigen dansje.
Ze draait vier rondjes op het gras.
Met haar staart omhoog.
Lis huppelt met Soes mee.

Jens komt ook in de tuin.
Lis roept: 'Mijn poes is niet ziek meer!
Het is een wonder!'
Ja, het is een wonder.
En daarom vieren ze feest.
Mam deelt ijsjes uit.
Soes krijgt ook een likje.
Mmmm ... lekker!

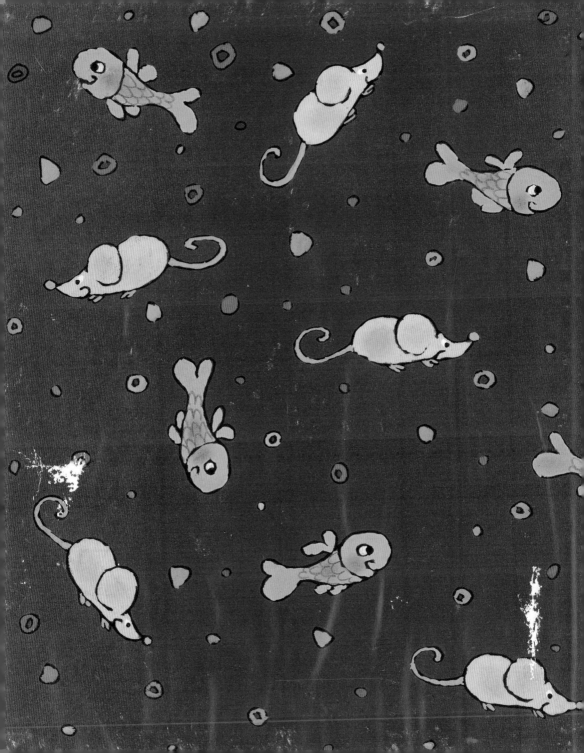